QUELQUES MOTS

sur

LES RÉSULTATS DE LA LOI BELGE

du 10 mars 1900

ORGANISANT LES PENSIONS DE RETRAITE

PAR

M. le Chevalier de GHELLINCK d'ELSEGHEM

Membre de la Chambre des Représentants

EXTRAIT DE " L'ASSOCIATION CATHOLIQUE "

Revue du Mouvement catholique social

IMPRIMERIES RÉUNIES DU CENTRE

EMMANUEL RIVIÈRE, Ingénieur des Arts et Manufacture

2, Rue Haute, BLOIS

—

1906

QUELQUES MOTS

SUR

LES RÉSULTATS DE LA LOI BELGE

du 10 mai 1900

ORGANISANT LES PENSIONS DE RETRAITE

Pour organiser les pensions de retraite, le législateur belge de 1900 avait à sa disposition un superbe organisme : c'est la Caisse générale d'Épargne et de Retraite sous la garantie de l'État. Comme le dit l'auteur d'une étude sur le sujet qui nous occupe, publiée en 1901 dans le « Musée social », la Caisse d'Épargne est en Belgique, le pivot d'organisation de toutes les lois de prévoyance et d'assurance sociales. Ce n'est cependant point une Caisse d'État, et, bien que son Conseil général, son Conseil d'administration et son directeur général soient nommés par le roi, elle jouit d'une grande autonomie dans la limite de sa charte constitutive. Etablie sur les bases mathématiques les plus sûres, fonctionnant sous la surveillance et la garantie de l'État, et réalisant par le livret individuel, l'équivalence la plus stricte des obligations et des droits des assurés, elle leur procure le maximum d'avantages pécuniaires avec le maximum de sécurité. On n'aurait pas compris qu'ayant une telle institution sous la main, le législateur belge négligeât, de propos délibéré, de s'en servir, et c'est ce qui fait que pour l'exécution de la loi du 10 mai 1900, la question du choix entre le système de répartition et celui de capitalisation ne s'est même pas posée ; c'est le dernier qui a continué tout naturellement à prévaloir (1).

On ne saurait mieux dire et mieux définir le rouage unique en son genre, qui devait animer cette nouvelle institution.

Certains sociologues avaient préconisé la création de Caisses particulières présentant les mêmes garanties et offrant les mêmes avantages que la Caisse générale de Retraite créée en 1865, mais le législateur a craint qu'une telle complication ne devint une source de difficultés et de méfiance et il préféra très sagement s'en tenir à un organe central et unique d'exécution financière et interposer entre cet organe et les intéressés des groupements locaux intermédiaires, connus sous le nom de sociétés mutualistes et organisés par la loi du 23 juin 1894.

Pour appliquer la loi de 1900, tous les rouages existaient donc déjà, il n'y avait qu'à les développer et à couvrir le pays tout entier d'un vaste réseau de mutualités qui encadreraient tous les intéressés, par profession ou métier, ou bien encore par âge, par sexe, ou bien sans distinction aucune de ce genre.

Ce système était d'autant plus à conseiller qu'en suite d'une décision ministérielle de 1891, prise par le ministre de l'Agriculture qui avait, en ce moment encore, l'Office du Travail dans ses attributions, des subsides étaient déjà accordés aux mutualités qui se chargeaient d'affilier leurs membres à la Caisse de Retraite.

Comme nous le verrons, au cours de cette étude, ces subsides ont aidé puissamment au développement de la prévoyance en vue de la vieillesse, et malgré leur peu d'importance, ils ont permis de donner à la question, si discutée dans d'autres pays encore, et à cette époque chez nous, une solution qui, à en juger par ses résultats, n'est assurément pas la moins bonne de toutes.

Cette solution sera-t-elle définitive ? Il serait téméraire de donner un avis suffisamment motivé dans un sens ou dans l'autre. Nous croyons cependant que le principe de la solution belge a acquis droit de cité chez nous et que moyennant quelques modifications et améliorations dictées par l'expérience, la loi de 1900 restera debout pendant de longues années encore.

(1) G. Salaun. *Les retraites ouvrières en Belgique.*

La loi fut du reste accueillie avec faveur et dès la première année de sa mise en vigueur, on pouvait prédire que son succès était assuré.

La loi du 10 mai 1900 était à peine promulguée que les propagandistes se mirent à l'œuvre : Les efforts énergiques et persévérants qu'ils déployèrent pendant le second semestre de cette année furent couronnés d'un plein succès. Un économiste qui n'appartient pas à notre école l'appela même « un succès foudroyant ». Parmi les propagandistes qui menèrent cette campagne, on compte des personnes appartenant à toutes les classes de la société et à toutes les professions : instituteurs et professeurs de l'enseignement officiel et de l'enseignement libre, membres du clergé, hommes politiques, sénateurs, députés, conseillers provinciaux, avocats, médecins, tous se mettent à l'œuvre avec enthousiasme. En quelques mois des milliers de tracts et de brochures sont distribués, dans l'intention de faire connaître les avantages de la nouvelle loi, des centaines de conférences sont données, écoutées toujours avec beaucoup d'intérêt et suivies, le plus souvent, de la fondation immédiate d'une mutualité de retraite.

Pendant les années 1900 et 1901, notamment, le nombre d'affiliations nouvelles, le nombre de versements et le montant de ceux-ci font voir clairement les progrès de la prévoyance libre en vue de la vieillesse.

Un simple rapprochement de chiffres montre le chemin parcouru en ces deux années, les plus brillantes depuis la fondation de la Caisse de Retraite

Nous constatons, en effet, en parcourant les « comptes rendus des opérations et de la situation de la Caisse générale d'Epargne et de Retraite » (1), que c'est à partir du moment que le Gouvernement a octroyé des subsides aux sociétés mutualistes pour favoriser l'affiliation de leurs membres à la Caisse de Retraite, que le nombre des affiliations a pris une certaine extension.

L'octroi de ces subsides date de l'année 1891, où un crédit de 20,000 francs a été inscrit au budget du Ministère de l'Agri-

___

(1) La plupart des chiffres relatés au cours de cette étude sont tirés de ces comptes rendus.

culture qui, à cette époque, avait l'Office du Travail dans ses attributions.

Rien de plus suggestif que les chiffres annuels des affiliations : ainsi, en 1888, il n'avait été créé que 368 nouveaux livrets ; 918 l'année suivante et, grâce à une propagande intense, 1,750 en 1890. Nous n'hésitons pas à attribuer ce résultat meilleur de l'année 1890, à l'espoir qu'avaient les nouveaux affiliés de recevoir, à brève échéance, une prime d'encouragement de la part de l'État pour leurs versements. Cet espoir ne fut pas déçu et dès l'année 1891, les nouvelles affiliations sont plus que doublées.

De 1891 à 1895, les chiffres annuels des nouvelles affiliations varient entre 3,643 et 5,790.

La confiance gagne les populations : voyant que les subsides étaient annuels et constants, les gens intelligents prennent intérêt à ce mouvement et les inscriptions de nouveaux membres augmentent. C'est ainsi que les affiliations nouvelles montent à 10,549 en 1896 ; 17,159, en 1897 ; 43,873 en 1898 ; et 66,712 en 1899.

Ces subsides peu importants au début furent augmentés, afin de permettre d'attribuer un subside de 0 fr. 60 centimes aux six premiers francs versés sur un même livret.

C'est ainsi que ces subsides, dont le montant est 20,000 francs pour les années 1891 à 1894, sont de 30,000 francs en 1895 ; de 46,000 francs en 1896 ; de 100,000 francs en 1897 ; de 150,000 francs en 1898 et 1899.

Le mouvement en faveur des pensions se développait en raison de la force acquise, et l'expérience des années précédentes amenèrent, sans secousse, le législateur à traduire en article de loi, ce qui n'était jusqu'alors que règle administrative.

*
* *

Mais ce ne sont pas seulement le nombre des affiliations nouvelles qui est en progrès : le nombre des versements et l'importance de ceux-ci s'accroissent aussi d'année en année.

Si pour 1888, il n'y a eu que 4,887 versements pour un montant de 322,726 francs, trois ans plus tard, en 1891, nous enregistrons 30,970 versements d'une importance de 1,117,097 francs.

En 1894, 69,242 versements ont eu lieu, pour une somme de 1,762,792 francs, — en 1897, les versements arrivent au chiffre de 171,506, et le montant des versements est de 2,648,682 francs.

Enfin, en 1899, l'année précédent le vote de la loi sur les pensions; nous trouvons respectivement les chiffres de 627,100 versements et de 4,598,636 francs.

Quel chemin parcouru en 13 ans ! Quels progrès réalisés ! Ces résultats cependant n'étaient que le prélude des résultats enregistrés en 1900 et 1901. Mais aussi que d'efforts déployés, que de préjugés il a fallu détruire ; que d'idées fausses à réfuter, que d'objections à rencontrer.

Les subsides de l'État avaient puissamment contribué à intéresser les mutualistes au problème de l'assurance de la vieillesse, et à développer cet esprit de prévoyance si difficile, aujourd'hui encore, à implanter dans certains milieux.

Pour donner une juste idée des résultats de la loi de 1900 qui a rendu définitif et légal ce qui auparavant n'était qu'annuel et provisoire, faisons remarquer que pour la période 1888 à 1899, soit en 12 ans, il y a eu 162,599 affiliations nouvelles ; les versements se sont montés au nombre de 1,561,848, avec un montant total de 23,576,918 francs, tandis que pour les deux années suivantes, nous relevons 299,990 affiliations nouvelles ; le nombre des versements est de 2,224,522 et les sommes versées se totalisent par 13,974,470.

Le tableau ci-après nous donne une juste idée du progrès réalisé.

Tableau comparatif indiquant par année :

1º Le nombre d'affiliations nouvelles, le nombre et le mon-
tant des versements ; 2º le nombre approximatif d'affiliés
et le montant du fonds des rentes.

ANNÉES	NOMBRE de comptes nouveaux	NOMBRE de versements	MONTANT des versements	NOMBRE approximatif de comptes existants	MONTANT du fonds des rentes en millions
1888..........	368	4.887	322.726f 61	7.600	6.4
1889..........	918	6.832	591.810 14	8.500	7.0
1890..........	1.750	18.567	946.211 04	10.200	8.0
1891..........	3.643	30.970	1.117.097 13	13.900	9.0
1892	3.874	45.336	1.580.318 76	16.800	10.3
1893..........	3.525	58.882	1.620.279 65	20.300	11.7
1894..........	4.438	69.242	1.762.792 »	24.700	13.1
1895..........	5.790	85.477	2.354.079 46	30.500	15.0
1896..........	10.549	111.020	2.558.583 15	41.100	17.2
1897..........	17.159	171.506	2.648.682 14	58.200	19.04
1898..........	43.873	332.029	3.505.701 01	102.100	22.04
1899..........	66.712	627.100	4.598.636 98	168.800	26.4
Totaux	162.599	1.561.848	23.576.918 07	»	»

A la fin de 1899, le montant du fonds des rentes inscrit sur
les livrets des membres et dont la contre-partie se trouvait
dans le portefeuille de la Caisse générale de Retraite, était de
26,400,000 francs.

Cinq ans plus tard, comme nous le verrons, il avait presque
triplé.

Pour nous faire mieux comprendre encore l'intensité du mouvement, ajoutons que si, pour les deux années 1900 et 1901, le nombre des affiliations nouvelles a été sensiblement le même, le nombre des versements et le montant de ceux-ci ont gagné en importance, la seconde année de la mise en vigueur de la législation nouvelle.

Le nombre des versements opérés en 1901 dépasse d'un demi-million le chiffre de 1900, et le montant des versements est de près de 4 millions supérieur en 1901.

Depuis 1901, nous n'avons plus à enregistrer des chiffres aussi importants pour les affiliations nouvelles, mais on ne peut cependant conclure à la décroissance du mouvement de prévoyance en vue de la vieillesse, ce magnifique essor au lendemain de la loi de 1900 a peut-être diminué d'intensité, mais il s'est régularisé.

Rien d'étonnant que le recrutement des affiliés sollicités par les promoteurs ou administrateurs des Société de retraites ait atteint son maximum d'intensité pendant les années qui ont immédiatement suivi le vote de la loi. Rien d'étonnant non plus que le recrutement se soit ralenti dans les milieux où ces Sociétés ont exercé le plus vivement leur action. Le recrutement actuel est normal et étant donné qu'il se maintient, nous y trouvons un sûr garant de l'avenir.

Quelques chiffres édifieront le lecteur à ce sujet. En 1902, nous trouvons 90,597 affiliations nouvelles ; en 1903, il y en a 114,978 ; et en 1904, il y en a 78,861.

Voici, du reste, un tableau analogue à celui que nous donnons plus haut pour les années 1888 à 1899, et renseignant par année :

1° Le nombre d'affiliations nouvelles, le nombre et le montant des versements ;

2° Le nombre approximatif d'affiliés et le montant de fonds des rentes.

ANNEES	NOMBRE de comptes nouveaux	NOMBRE des versements	MONTANT des versements	NOMBRE approximatif de comptes existants	MONTANT du fonds des rentes en millions
1900............	136.384	856.116	5.121.056ʳ 02	301.400	31.0
1901	133.606	1.368.406	8.853.414 08	433.500	39.4
1902..........	90.597	1.810.402	9.900.404 21	521.000	49.0
1903..........	114.978	1.903.640	10.476.321 15	636.500	59.6
1904..........	78.864	1.991.416	11.823.401 44	709.000	71.8
Totaux......	554.426	7.929.680	46.174.596 90	»	»

Ces chiffres se passent de commentaires ; ils indiquent nette-
ment les progrès réalisés en un lustre grâce à la loi de 1900.

Les affiliations des deux dernières années exigent un mot
d'explication ; un nouvel élément est venu s'ajouter à la matière
qui nous occupe, sous forme d'affiliations de miliciens.

En Belgique, non seulement nous ne connaissons pas le
service personnel, mais de plus les miliciens de toutes les armes
et de toutes les conditions ainsi que les volontaires de toutes
catégories, outre leur solde quotidienne, touchent une rémunération mensuelle variant de 25 à 35 francs. Avant la nouvelle
loi d'organisation militaire de 1902, la rémunération était à
l'état d'exception ; peu à peu, les exceptions se sont multipliées,
pour se généraliser à partir de 1902. En même temps la rémunération gagnait en importance : de 10 francs qu'elle était au
début, on la vit quelques années plus tard, monter à 20 francs,
à 30 francs ; et la loi de 1902 la fixe à 25 ou 35 francs, selon
les armes et le rang du milicien dans l'armée.

Cette rémunération mensuelle n'aurait pas tardé à devenir
une source de difficultés, si le législateur l'eût fait remettre au
milicien, peut-être même fut-elle devenue un agent de démora-
lisation. Grâce à la destination qu'on lui a donnée, elle est un
agent de prévoyance et de prospérité pour le soldat et sa famille.

Les père et mère touchent la moitié de la rémunération par versement trimestriel, ce qui constitue une compensation très légitime de la perte subie lorsque le fils est sous les drapeaux. Le milicien, lui, ne touche rien, mais le département de la Guerre crée en son nom un livret à la Caisse d'épargne et annuellement sa part de la rémunération y est inscrite. Plus tard, quand a expiré son temps de service, le milicien peut retirer cette somme pour sa mise en ménage, l'achat d'une maison, d'un lopin de terre, ou pour commencer un commerce ou exercer une petite industrie. Inutile d'insister sur les bons résultats au point de vue social obtenus de la sorte.

Disons, en passant, que le budget de la dette publique comprend, du chef de la rémunération de miliciens, un crédit de 14 millions.

La loi militaire de 1902 a fait un pas de plus en avant, dans la voie de la prévoyance, et à côté du livret d'épargne, elle a voulu que tout milicien eut son livret de retraite : une partie de la rémunération mensuelle, soit une somme de 15 francs, y est inscrite aussi longtemps que le milicien est enrôlé ; à son départ du corps, le milicien reçoit son livret de retraite et peut se faire inscrire, sans autre formalité, dans une des mutualités de la commune où il résidera désormais.

C'est dans le cours de l'année 1903 qu'il a fallu mettre pour la première fois, en vigueur, cette disposition si féconde en heureux résultats de la loi votée l'année précédente.

Il en résulte que le chiffre d'affiliations donné plus haut, comme étant le contingent de l'année 1902, comprend les affiliations militaires : on a inscrit d'office tous les soldats, caporaux, sergents, maréchaux de logis, etc., qui ne possédaient pas encore de livret de retraite, et ces adhésions montent à un total de 42,831.

En 1904, on a procédé de même pour les nouvelles recrues ; nous trouvons pour cette année 12,036 inscriptions militaires. En 1905, on agira encore ainsi et tous les ans, ces inscriptions viendront grossir le nombre des adhésions nouvelles.

Sans ces inscriptions, nous enregistrerions, pour 1903, 72,147 adhésions ; et 66,825 en 1904.

Nous ne pouvons assez nous féliciter d'avoir réussi à faire

inscrire ce principe dans la loi militaire : un grand nombre de jeunes gens montrent encore trop d'indifférence, lorsqu'il s'agit d'assurer leur vieillesse ; d'autres, malgré tous les efforts déployés, font preuve d'une si grande ignorance touchant les questions qui se rattachent à la prévoyance ; d'autres enfin, mais plus rares ceux-ci, y sont hostiles : indifférence, ignorance, hostilité, doivent être combattues. Comment le faire mieux qu'en éclairant les miliciens par la pratique et en faisant ainsi tomber leurs préjugés. Rentrés dans leur famille, en possession de leur livret de retraite, les anciens soldats y verront l'importance des sommes inscrites en leur nom, la rente déjà acquise ; ils saisiront les avantages que leur procurent les versements par l'intermédiaire d'une société, et il n'est pas téméraire de supposer que le grand nombre, pour ne pas dire la généralité, continuera régulièrement ses versements. Peut-être même, ce livret du milicien deviendra-t-il un stimulant pour d'autres, qui, soit négligence, soit ignorance ou indifférence, n'ont pas songé à assurer contre l'abandon et la misère leurs vieux jours.

Nous sommes donc en droit d'attendre de cette réforme les résultats les plus féconds.

La nécessité de faire participer à la Caisse de Retraite les miliciens sous les armes était d'autant plus grande que les mutualités scolaires de retraite ont pris un grand développement ; à l'école, on a appris à l'enfant à épargner en vue de sa pension de vieillesse, devenu adulte, il a persévéré, mais quel aurait été le résultat si, pendant les années de milice, le soldat avait cessé tout rapport avec la Caisse de Retraite. Que de défections à craindre, tandis que le moyen mis en œuvre sauvegarde l'avenir et par l'accumulation des rentes devient un puissant stimulant pour le jeune homme rentré dans ses foyers, qui continuera ainsi les versements sans la moindre interruption.

L'inscription d'office du militaire forme donc le complément indispensable de la mutualité scolaire.

*
* *

Quoiqu'il en soit, si le nombre des adhésions nouvelles tend à prendre une marche normale, le nombre des versements ne reste pas non plus stationnaire.

Mais ici encore, il est utile de faire remarquer que le grand nombre des mutualités ont mis en pratique le conseil donné par la Caisse générale de Retraite : de mensuels, les versements deviennent trimestriels et même un grand nombre de sociétaires ne versent qu'une fois par an, au dernier trimestre ; ces nouvelles habitudes ont pour résultats de faciliter le travail des trésoriers des sociétés et des agents des postes chargés de recevoir le bordereau de paiement. La progression rapide que nous avons constaté au début s'est arrêtée par le fait même, et le nombre des versements a pris aussi son développement normal. Pour les années 1903 et 1904, nous pouvons enregistrer annuellement près de 2 millions de versements.

Quant aux sommes versées, voici les résultats des cinq premières années de l'application de la loi :

En 1900	5.121.056ᶠ 02
En 1901	8.853.414 08
En 1902	9.900.404 21
En 1903	10.476.321 15
En 1904	11.823.401 44
Soit un total de	46.174.596ᶠ 90

Nous verrons plus loin qu'elle est la part des intéressés des sociétaires et des pouvoirs publics dans les sommes ainsi versées.

Bornons-nous à constater qu'ici encore la progression est constante d'année en année : c'est un signe que la pratique de la prévoyance pénètre dans les masses.

*\
* *

Nous trouvons une autre preuve des bons résultats acquis par la loi de 1900, dans la progression du nombre des adhérents à la Caisse de Retraite. Nous avons donné plus haut le nombre des adhésions nouvelles, sans nous occuper du nombre total des comptes individuels existants.

Donner le nombre exact est chose difficile, vu que parfois des adhérent cessent leurs versements pendant un, deux, parfois cinq, parfois dix ans. Par ce fait, leur livret n'est pas perdu pour eux ; la rente inscrite leur reste acquise, celle-ci ne s'augmente plus, voilà tout. Mais que ces retardataires, revenus à meilleure fortune, ou animés de meilleurs sentiments, manifestent l'intention de reprendre leurs versements, rien ne s'y oppose, et les sommes nouvellement versées produiront intérêt dès le premier jour du versement.

Dans ces conditions, on ne peut donner qu'un chiffre approximatif des comptes existants.

C'est ainsi qu'en 1885, il y en avait 7,600. En 1890, le nombre était monté à 10,200 ; et en 1895, à 30,500, soit 20,300 de plus pour ce lustre ; mais n'oublions pas que les subsides de l'État ont été octroyés à partir de 1891 ; nous avons ainsi l'occasion de constater une fois de plus combien féconds ont été ces encouragements donnés par les pouvoirs publics pour stimuler l'ardeur de nos compatriotes.

Quatre ans plus tard, à la veille du vote de la loi, en 1899, les subsides de l'État sont de 150,000 francs ; le nombre des comptes passe à 168,800, soit 138,300 de plus qu'en 1895.

En 1901, il y a 433,500 comptes, et en 1904, 709,000, soit 540,200 nouveaux depuis le vote de la loi ; plus du dixième de la population totale de la Belgique possède donc son livret de retraite.

A diverses reprises, nous avons parlé des mutualités de retraite ; c'est qu'en effet la loi de 1900 s'appuie sur ces excellentes institutions. Après la Caisse générale de Retraite, elles constituent le rouage le plus important et en quelque sorte le pivot de toute l'organisation de la prévoyance en vue de la vieillesse ; les avantages pécuniaires et autres obtenus par l'intermédiaire des sociétés mutualistes dépassent ceux que peuvent obtenir les adhérents isolés. On pourrait même dire que le législateur a voulu par toutes sortes d'entraves, décourager ceux qui, au versement intermédiaire des mutualités, donnent leur préférence au versement direct.

Mais fidèle au principe de la liberté, il n'a pas voulu exclure ce mode d'affiliation ; s'il a réduit ces faveurs, il n'a pu les retirer entièrement.

C'est ainsi que l'âge devient une cause de différence de traitement : l'affiliation par l'intermédiaire d'une société peut se faire dès l'âge de 6 ans, il en faut 16, pour pouvoir faire un versement sans l'intermédiaire d'une société.

Une autre marque de défaveur pour les affiliations directes, c'est l'exclusion de toutes les personnes qui sont dans une certaine aisance. Un des principes de la loi est de réserver les libéralités de l'État aux travailleurs de condition modeste; cependant, le législateur n'a pas cru pouvoir suivre la ligne. de conduite tracée par la commission extraparlementaire et créer une liste des professions qui bénéficieraient de la loi. Il a estimé que, d'une part, l'élaboration de cette liste présentait trop d'arbitraire que, d'autre part, la profession n'est pas un indice suffisant du degré d'aisance. Et puis comment déterminer avec exactitude la qualité professionnelle d'un certain nombre de personnes? Le législateur, d'accord en cela avec le gouvernement, a préféré s'en tenir à un système prêtant à moins d'hésitations, et il a trouvé le signe extérieur de l'aisance dans le montant des cotisations fiscales.

On est arrivé ainsi à exclure du bénéfice de la loi toutes les personnes qui paient plus de 50 francs de contributions directes dans les communes dont la population ne dépasse pas 1,000 habitants. Le chiffre des contributions est augmenté d'après la population des communes.

Mais rien n'empêche ces mêmes personnes, hâtons-nous de le dire, de faire leurs versements par l'intermédiaire d'une mutualité, si, bien entendu, ceux-ci ne dépassent pas 60 fr. par an.

Au point de vue des versements, la société intermédiaire peut accepter des versements fractionnaires du franc et les conserver en attendant que le minimum règlementaire d'un franc soit constitué. Elle rappellera à l'affilié le moment du versement et lui donnera tous les renseignements désirables. On comprend que la Caisse générale ne puisse assumer ce rôle.

Au point de vue des subsides, enfin, il y a encore une différence, que nous rencontrerons plus loin.

Les sociétés mutualistes sont donc considérées comme les plus sûrs auxiliaires de la diffusion de la prévoyance ; elles sont, de la part du législateur l'objet d'une sympathie particulière ; elles sont, on peut le dire, traitées en enfants gâtés.

Avant la loi de 1900, seules elles étaient admises à bénéficier du crédit inscrit depuis 1891 au budget de l'État. Si elles ne sont plus seules aujourd'hui à bénéficier du concours pécuniaire de l'État, elles ont gardé cependant une situation privilégiée (1).

Ces sociétés mutualistes sont régies par la loi du 23 juin 1894, les formalités pour obtenir la reconnaissance légale sont des plus simples et pour qu'elles ne négligent pas d'y recourir, le gouvernement leur accorde un subside spécial, dit de premier établissement. C'est un encouragement pécuniaire, qui leur est donné dès l'inscription de leur acte de naissance.

Ces mutualités sont nombreuses en Belgique ; mais avant 1900, elles groupaient spécialement leurs membres en vue de l'octroi d'une indemnité en cas de maladie, les mutualités de retraites ne dépassant pas le chiffre de 2,000 ; elles ont pris un immense développement depuis la loi nouvelle qui leur a octroyé toutes ces faveurs.

Ici encore, nous constatons le même phénomène entrevu plus haut. Aussi longtemps que l'État se désintéresse de la prévoyance en vue de la vieillesse, peu ou point de mutualités ; bien que la Caisse générale de Retraites date de 1865 et la loi organisant ces sociétés de 1869.

Mais au fur et à mesure que les subsides affluent, les mutualités augmentent en nombre, et bientôt elles semblent surgir de terre.

Le tableau suivant fera voir l'exactitude de cette remarque :

En 1896 nous trouvons 232 mutualités de retraite.
En 1897 il s'en créé 178 nouvelles, ce qui en porte le nombre à 410
En 1898   —   571   —   981
En 1899   —   930   —   1.911

Mais déjà on parlait de rendre définitif et organique, selon le mot de M. Nyssens, rapporteur de la loi, et ancien ministre de l'Industrie et du Travail, ce qui n'était que provisoire et annuel ; l'impulsion était donnée et les propagandistes avaient

---

(1) Il y a lieu de faire observer que nos compatriotes apprécient, à leur valeur, les avantages offerts par les mutualités, car le nombre des affiliés directs est insignifiant : 147 en 1903 et 212 en 1904 ont seulement bénéficié des primes de l'État.

fait merveille dès avant le vote de la loi ; ce vote n'était plus qu'une question de jours et nul doute ne pouvait exister dans leur esprit.

Depuis le vote de la loi, le mouvement s'est accéléré et les deux premières années qui ont suivi, ont été remarquables à ce point de vue :

En 1900, on crée, 1,681 sociétés nouvelles.
En 1901,   —   1,046   —

Il semble qu'on ait atteint alors le maximum de ce qu'on pouvait demander à l'effort humain. Depuis 1902, la progression est devenue normale, vu que pas un village ne pourrait-être trouvé en Belgique où n'existe au moins une mutualité de retraite. Dans certains arrondissements, ce résultat était acquis dès décembre 1900.

Tous les ans cependant de nouvelles sociétés viennent s'ajouter encore aux anciennes : en 1902, nous en trouvons 341 nouvelles, en 1903, 129 ; en 1904, le nombre s'est encore accru d'une centaine ; mais pour des motifs divers, toutes ces sociétés ne versent pas tous les ans pour leurs membres ; leur nombre serait ainsi plus considérable. En 1904, 5,053 mutualités de retraite ont effectué des versements au profit de leurs membres, pour une somme atteignant jusque 12 millions de francs, comme nous l'avons indiqué plus haut.

C'est là, évidemment un résultat remarquable, obtenu en un laps de temps peu important ; il prouve que les efforts persévérants des propagandistes convaincus, unis aux encouragements pécuniaires et moraux du gouvernement, et à la propagande de la Caisse générale de Retraite, ont triomphé de l'apathie et de l'indifférence générale qu'ils ont eu à combattre au début. Les objections, les difficultés n'ont cependant pas fait défaut ; il a fallu lutter contre l'esprit de routine, d'imprévoyance si profondément enraciné dans une grande partie de la population ; il a fallu heurter de front les préjugés les plus invraisemblables et gagner la confiance des intéressés.

Les chiffres rapportés ici sont la preuve que cet effort gigantesque n'a pas été infructueux ; le grand élan est donné, les mutualités sont sorties de terre, leur nombre se développera encore sous la même pensée qui les a fait naître, et surtout le nombre des membres qui resteront fidèles ira en augmentant, à la vue des premiers résultats obtenus, la confiance est et restera acquise aux mutualités, nous pouvons l'affirmer avec d'autant plus de certitude, que déjà quelques-uns de leurs membres vont toucher leur pension, acquise par cet intermédiaire.

Quand ces faits seront mieux observés du public, le mouvement en faveur des Caisses de retraite grossira encore, parce ce que le public se rendra mieux compte que ce ne sont pas de vaines promesses qui lui ont été faites. Le Belge a l'esprit éminemment pratique ; il se méfie des utopies et des belles paroles, mais conserve sa confiance pour les institutions et les œuvres qui lui procurent un réel avantage. Tel est le cas des mutualités de pension, la base sur laquelle elles sont établies est solide ; leur avenir est assuré.

*
* *

Il serait intéressant assurément de connaître la composition des mutualités de retraite, de savoir quelles catégories de citoyens en constituent les éléments. Ces renseignements sont même indispensables pour tous ceux qui veulent se rendre compte intégralement de ce qu'a produit la loi du 10 mai 1900.

A ce point de vue encore, nous croyons pouvoir dire que les résultats n'ont pas trop déçu l'attente des promoteurs.

Les mutualités de retraite peuvent se résumer en trois catégories :

Il y a les mutualités non ouvrières, les mutualités mixtes et les mutualités scolaires.

Les mutualités non ouvrières sont celles qui ne sont pas ouvertes à la classe ouvrière, mais qui ont été créées par des organismes spéciaux ; par exemple, par des voyageurs ou employés de commerce ou de banques, par des instituteurs, etc., elles sont, du reste, peu importantes par leur nombre ; il n'y en a guère que 84 pour tout le pays ; nous n'avons donc pas à nous en occuper.

Quant aux sociétés mixtes, les plus nombreuses comme personnel et comme versements, elles se composent en grande partie de personnes appartenant à la classe ouvrière. Leur personnel cependant est extrêmement varié, en ce sens que les unes n'admettent que des adultes, les autres admettent, en même temps les enfants ; les unes ne sont accessibles qu'aux hommes ; les autres n'ont été créées que pour le sexe féminin ; d'autres encore admettent hommes et femmes indifféremment.

Nous ne possédons pas les éléments nécessaires pour dresser un tableau complet des mutualités par sexe ou âge ; ce tableau présenterait, du reste, moins d'intérêt ; le point important est de savoir si la classe ouvrière proprement dite comprend suffisamment son intérêt en cette matière, en un mot, si elle est représentée d'une manière adéquate à son importance numérique, au sein des sociétés de retraite.

Remarquons tout d'abord, que ce sont les sociétés mixtes qui sont les plus nombreuses, car si nous n'avons noté que 84 sociétés non ouvrières, nous constatons qu'il existait au 31 décembre 1904, 4,225 sociétés mixtes, ayant effectué des versements en 1903, alors qu'en 1899, il n'y en avait que 1,628.

Il n'y a, du reste, rien d'étonnant que ce soient les sociétés de cette espèce qui aient pris le plus grand développement. C'étaient, en effet, les individus de cette catégorie qui avaient le plus grand avantage à se faire membre d'une mutualité ; c'est dans les milieux populaires que s'est fait la propagande la plus intense. On a d'abord couru au plus pressé et ce n'est que lorsqu'une société mixte avait été organisée, répondant aux besoins généraux des intéressés, que les propagandistes ont pu s'occuper des situations spéciales, notamment ce n'est que lorsque la mutualité pour adultes avait été créée, qu'on a pu songer à créer une société scolaire. Dans l'avenir, nous pensons que les sociétés mixtes ne s'accroîtront plus en nombre avec la même intensité, mais que les sociétés scolaires, dont nous parlerons incessamment, croîtront rapidement en nombre et en importance.

Pour savoir si la loi du 10 mai 1900 a produit tous les résultats qu'on attendait, il est indispensable de faire une enquête sur la clientèle des sociétés mutualistes.

Le rapport de la Caisse générale d'Épargne et de Retraite donne à ce sujet des renseignements très intéressants.

Nous ne pensons pouvoir mieux faire qu'en les reproduisant ici intégralement ; nous n'avons ajouté à ce tableau que la dernière colonne.

Classement des livrets créés de 1891

DÉSIGNATION des CATÉGORIES	NOMBRE TOTAL PAR ANNEE					
	1891	1892	1893	1894	1895	1896
1º Ouvriers mineurs......	289	147	114	324	337	421
2º Ouvriers d'industrie... — exerçant un métier quelconque..	1.935	1.422	1.410	1.889	3.357	5.936
3º Journaliers et ouvriers agricoles	126	725	311	251	587	971
4º Domestiques..........	126	93	122	83	167	228
5º Militaires.............	2	»	5	3	4	15
6º Commerçants et détaillants..............	46	42	93	54	97	125
7º Professeurs et instituteurs	34	46	47	42	31	106
8º Fonctionnaires et employés	204	231	269	232	378	494
9º Professions libérales...	34	25	25	32	102	68
10º Chefs d'établissements agricoles, industriels et commerciaux.... .	54	32	28	17	47	28
11º Propriétaires, rentiers et personnes n'exerçant aucune profession Ménagères..........	152	312	292	296	414	907
12º Enfants mineurs : Ecoliers et sans profession.......... Exerçant un métier quelconque......	641	799	869	1.215	269	1.250
Total	3 643	3.874	3.525	4.438	5.790	10 549

à 1904, par profession des affiliés.

(Hommes et Femmes)								TOTAL par CATÉGORIE
1897	1898	1899	1900	1901	1902	1903	1904	
378	544	493	961	1.089	735	2.988	1.355	10.245
7.116	9.496	11.940	28.436	24.269	20.148	34.810	3.827	155.991
							14.042	14.042
1.816	3.183	4.753	12.042	13.150	8.764	14.092	8.226	60.995
264	888	1.191	3.681	3.609	2.249	2.441	1.613	18.755
12	36	67	55	55	39	6.744	479	7.516
178	564	866	3.360	2.544	1.526	1.525	1.290	12.507
144	468	701	817	810	609	440	324	4.586
701	1.193	1.705	2.914	2.960	2.775	3.151	2.186	19.333
73	270	599	1.017	599	314	317	324	3.799
57	79	159	520	728	376	543	613	3.786
870	2.769	5.162	17.393	16.714	12.062	10.479	2.458	70.600
							6.663	
5.550	24.416	39.076	64.988	66.979	31.712	26.935	26.434	291.037
					9.288	10.543	9.030	
17.159	43.873	66.712	136384	133606	90 597	114978	78.861	690.393

Le nombre si réduit des militaires relevés au 5° se comprend
en ce sens qu'on n'indique ici que les volontaires de carrière et
non tous les miliciens, ceux-ci sont classés d'après la profession
exercée au moment de l'incorporation.

Ce tableau donne donc des indications précises, exceptions
faites pour les deux dernières catégories. Il semble cependant,
dit encore le rapport de la Caisse générale, qu'en ajoutant les
neuf dixièmes du chiffre mentionné pour ces deux catégories
au total des quatre premières catégories, on obtienne une éva-
luation suffisamment rapprochée du nombre des affiliés appartenant à la classe des travailleurs manuels.

Le tableau suivant donne les résultats obtenus par cette
manière de procéder.

EXERCICES	LIVRETS créés au nom de personnes appartenant à la classe des travailleurs manuels	NOMBRE TOTAL des livrets créés
1891.................	3.190	3.643
1892.................	3.387	3.874
1893.................	3.002	3.525
1894.................	3.907	4.438
1895.................	5.063	5.790
1896.................	9.497	10.549
1897.................	15.352	17.159
1898.................	38.547	43.873
1899.................	58.191	66.712
1900.................	119.263	136.384
1901.................	117.541	133.606
1902.................	79.652	90.597
1903.................	57.493	114.978
1904.................	69.190	78 861
1891 à 1905.....	623.275	713 989

Des 713,989 personnes affiliées à la Caisse de Retraite pendant la période de 1891 à 1905, il semble donc qu'il y en ait 623,275, soit environ 87 0/0 qui appartiennent à la classe des travailleurs manuels.

Ces tableaux nous renseignent un chiffre supérieur à celui que nous avons indiqué plus haut en donnant le chiffre approximatif des comptes existants et que nous avons évalué à 709,000 environ. Il ne faut pas oublier que, chaque année, un certain nombre de membres ne versent pas ; de plus, il y a des absents, des gens qui se sont expatriés ; il faut tenir compte aussi des décès et de ceux qui sont arrivés à l'âge désigné par eux pour l'obtention de la pension.

En, tenant compte de tous ces déchets, il semble même que l'écart entre les affiliés nouveaux et les comptes existants n'est pas trop considérable. En tenant compte des affiliés à la date du 31 décembre 1899, cet écart ne serait que de 14,000.

Ce sont là tout au moins les conclusions auxquelles aboutissent les chiffres collationnés à la Caisse générale de Retraite.

Quant à nous, en voyant ce qui se passe dans les écoles primaires, nous croyons qu'en prenant les neuf dixièmes des chiffres des enfants mineurs, on fait la part trop forte à la classe des travailleurs manuels ; nous croyons plutôt que la proportion de 7 à 10 serre la vérité de plus près.

Nous ne croyons pas nous tromper de beaucoup en évaluant à environ 600,000 le nombre des membres de la classe ouvrière qui profitent des avantages que leur confère la loi sur les pensions. Ce chiffre est certes déjà respectable, mais est-il suffisant ?

Nous n'hésitons pas à dire que si les débuts de l'application de la loi de 1900 ne sont pas décourageants, nous ne pouvons pas cependant nous flatter de n'avoir plus rien à faire. Au contraire, tous les jours nous constatons que c'est par un effort persévérant et continu que nous pouvons enregistrer des résultats définitivement acquis. Sans cette propagande continuelle, les membres se décourageraient bien vite et cesseraient leurs versements ; il est vrai que les primes de l'État sont un stimulant puissant, mais il faut une vertu bien solidement assise pour verser durant de longues années sans résultat tangible. Pour un grand nombre d'affiliés, la vieillesse est encore si éloignée, les besoins du moment sont si pressants, les tentations du cabaret si grandes, les économies si réduites. Tous ces éléments réunis sont conjurés contre la Caisse de Retraite, et si les propagandistes ne venaient au bon moment par leur conversation, leurs conférences, leurs tracts, réconforter les courages prêts à défaillir, c'en serait fait d'un grand nombre de nos mutualités.

Non, tout n'est pas fait, et quand on songe qu'il y a en Belgique une population ouvrière de plus de 1.600,000 individus, on constate que les recrues gagnées, Dieu sait au prix de quels efforts et de quels sacrifices, ne représentent que la faible partie de la population ouvrière.

Nous verrons tantôt s'il n'existe pas une cause spéciale qui éloigne bon nombre d'ouvriers de la mutualité de retraite.

L'influence de la loi de 1900 a donc été grande, personne ne songe à la nier, mais elle n'a pas été décisive.

Il y a-t-il lieu de se décourager ? Nous ne le croyons pas et nous restons persuadés que, moyennant certaines améliorations, cette loi est capable de réaliser pleinement le problème des pensions ouvrières ; nous dirons même plus, nous restons persuadés que ce problème sera résolu grâce à la liberté, et sans introduire le principe de l'obligation.

Cette question de l'obligation a du reste été soulevée lors de la discussion de la loi, et si d'une part la contribution des intéressés à la constitution de leur pension de retraite a été considérée comme la première et la plus essentielle des données du problème à résoudre ; il n'a pas paru nécessaire, d'autre part, de devoir proclamer l'obligation de la pension pour tous les travailleurs. Les législateurs, d'accord avec le gouvernement, ont estimé qu'une telle contrainte rencontrerait dans le tempérament belge une opposition des plus vive ; on avait du reste déjà à ce moment l'expérience du système de propagande et d'encouragement à la prévoyance inaugurée depuis 1891 ; ces résultats avaient été surprenants ; on demeura donc fidèle au système antérieurement adopté et qui, intermédiaire entre l'obligation et la pure faculté, repose sur le principe de la liberté subsidiée.

Nous avons d'autant plus de confiance dans le système interventioniste que depuis quelques années on a réussi a introduire à l'école la mutualité de retraite. Ces sociétés, qui constituent la troisième catégorie de celles que nous avons à étudier, sont en quelque sorte les pépinières des sociétés d'adultes. A ce titre, elles sont des plus intéressantes et méritent de fixer un moment notre attention.

C'est dans la province de Hainaut que la première mutualité de retraite s'est constituée à l'école ; cette société doit l'existence à l'initiative d'un mutualiste de la première heure ; c'est en effet le distingué gouverneur de la province lui-même, le baron Raoul du Sart de Bouland, qui a donné l'exemple en créant une mutualité de retraite à l'école de sa commune natale. Cette forme nouvelle de la mutualité fut acceptée avec un certain scepticisme, même parmi les meilleurs, aussi l'exemple n'a été suivi que lentement ; pour les années 1895 et 1896 ; nous ne relevons, en effet, que cinq mutualités scolaires ; à partir de 1897, elles croissent en nombre, grâce à une puissante propagande faite en leur faveur par la Caisse générale de Retraite. En 1899, il en existait 235 ; en 1900, il y en a 514, actuellement elles sont au nombre de 744 ; leurs versements se montent à plus d'un demi million pour l'année 1904.

Les sociétés scolaires de retraites produisent d'excellents résultats, non seulement au point de vue de l'avenir, mais surtout par le rôle éducatif qu'elles remplissent à l'école au point de vue de la prévoyance. Elles enseignent aux futurs ouvriers l'existence, le but, les avantages de la Caisse de Retraite ; elles leur apprennent à pratiquer l'économie dès l'enfance, et par les versements réguliers, elles fortifient les bonnes habitudes prises. Aussi méritent-elles les encouragements les plus sérieux de tous les pouvoirs publics. Ceux-ci, en général, ne leur font pas défaut et maintes admininistrations communales inscrivent à leur budget un subside pécuniaire pour aider les plus pauvres des écoliers à parfaire leur cotisation.

Au tableau donné (1), nous voyons que de 1891 à 1904, il a été admis 291,037 enfants mineurs, n'exerçant aucune profession. Il est évident que tous ceux-ci ne sont pas des écoliers, mais il n'est pas téméraire d'évaluer ceux-ci aux deux tiers de ce chiffre, soit à environ 200,000. C'est là un résultat assez

(1) Voir *Association catholique*, numéro du 15 décembre 1905, pages 508 et 509.

encourageant ; mais quand nous consultons l' « Annuaire statistique de Belgique pour 1904 », nous constatons qu'il y a 830,935 enfants âgés de 6 à 12 ans, c'est-à-dire en âge d'école. La population scolaire inscrite dans les mutualités n'atteindrait donc pas le quart des enfants en âge d'école. C'est une constatation qu'il est bon de faire pour marquer le chemin qu'il reste à parcourir.

Nous avons constaté aussi que c'est principalement dans les campagnes que les adhérents sont les plus nombreux et que les versements se font avec le plus de régularité. Cette remarque est exacte également en ce qui concerne les sociétés d'adultes, et chose remarquable, ce n'est pas dans les localités où les salaires sont les plus élevés que les adhérents affluent ; l'indifférence est plus grande, dirait-on, ou bien, envisage-t-on l'avenir avec plus de sécurité, assuré que l'on est que les gros salaires suffisent aux besoins de la vieillesse? Ou bien, les besoins factices que ces populations se sont créés ne sont-ils pas accrus dans des proportions telles que le budget est épuisé sans avoir prélevé le crédit nécessaire à assurer ses vieux jours?

Quoiqu'il en soit, c'est par la mutualité scolaire qu'on atteindra le résultat le plus satisfaisant ; c'est par elle que le mouvement en faveur des versements pour la pension de vieillesse s'accentuera, et que les adhésions se généraliseront. Mais pour atteindre ce but, il est indispensable de grouper les enfants dans des mutualités scolaires, et non de les comprendre dans les sociétés créées pour adultes, où ils sont confondus dans la masse des membres.

La mutualité scolaire présente encore un avantage immense par le fait que les versements peuvent y être infiniment petits. Chaque semaine, chaque jour même, l'écolier avant ou après l'heure de la classe, peut remettre à l'instituteur ses petites économies, si minimes soient elles, un versement de deux centimes est inscrit avec le même soin qu'un versement d'un demi-franc ou d'un franc. Grâce à un carnet personnel des plus simple et des plus pratique, l'écolier et ses parents peuvent toujours vérifier l'inscription des versements effectués, et lorsque ceux-ci atteignent un franc, l'instituteur le verse à la Caisse générale par l'intermédiaire du bureau de poste.

Ces mêmes facilités ne sauraient être garanties dans une société d'adultes.

De plus, les enfants rivalisent de zèle, d'ardeur et de régularité ; il s'établit entre eux une noble émulation, qui tourne au profit de la mutualité scolaire.

L'instituteur par ses leçons, ses enseignements, les lectures qu'il choisit, les dictées qu'il fait, stimule le zèle et lorsque l'administration communale comprend l'importance de l'institution, elle aussi vient au secours de la Mutualité en accordant un subside à ceux dont les parents ont une lourde charge d'enfants ou qui sont dans la plus grande misère. Nous connaissons aussi des administrations communales qui encouragent et récompensent par leurs subsides les enfants qui ont suivi le plus assidûment l'école et qui y font preuve d'attention.

La mutualité scolaire présente de grands avantages à bien des points de vue différents ; il serait à souhaiter qu'il y en eût une dans chaque école ou chaque groupe scolaire.

*
* *

Nous ne pouvons sans être incomplet, terminer ici nos renseignements sur les sociétés mutualistes de retraite ; il reste un dernier mot à dire sur les fédérations.

Depuis deux ou trois ans, celles-ci se sont créées dans chaque arrondissement, parfois même les mutualités d'un même canton se sont fédérées entre elles, et dans bien des grandes villes, il y a une tendance à fédérer les sociétés de retraites y établies.

Le plus grand nombre de ces mutualités sont chrétiennes et ne craignent pas de s'affirmer comme telles.

Quelques-unes sont neutres.

En reliant ainsi les mutualités, elles leur rendent les plus grands services, elles stimulent le zèle des administrateurs des sociétés, leur rappelle en temps utile leurs devoirs, organisent des concours avec primes en argent, créent de nouvelles sociétés, développent les idées de mutualité, de prévoyance et d'épargne par leurs tracts, leurs conférences, leur bulletin mensuel ou trimestriel. En un mot, il n'y a pas de services qu'elles ne rendent aux sociétés locales. Sans la fédération, plus d'une société aurait peut-être disparu, tandis que grâce à cet organisme, bien dirigé et cependant discret, nous n'avons à déplorer que de rares défections.

Le gouvernement a si bien compris le rôle actif que les Fédérations pouvaient remplir qu'il les a chargées de contrôler les livres et les comptes des Sociétés. Chaque année, ces comptes doivent être adressés au Ministère de l'Industrie et du Travail, en vue de la répartition des subsides. Ils sont, préalablement à cet envoi, revus, et au besoin corrigés, par un délégué de l'Office du Travail, choisi au sein du bureau de la Fédération.

Cet organisme croîtra encore en influence, et deviendra un agent précieux pour la propagande dans l'avenir.

Nous comptons actuellement 48 Fédérations.

*
* *

Si certaines administrations communales ont compris leur devoir en ce qui concerne les mutualités de retraite, il n'en est malheureusement pas de même en ce qui concerne les patrons.

Chaque année, le rapport de la Caisse générale d'Épargne et de Retraite fait entendre ses doléances à ce sujet. Malgré les efforts les plus louables qu'elle a tentés dans ce but, le progrès est peu sensible, étant donné le grand nombre d'établissements industriels établis en Belgique.

Voici ce qu'elle insérait dans son rapport sur les opérations de 1904 :

« Quelle que soit l'importance des résultats obtenus par la mutualité libre, on ne peut dissimuler que, en ce qui concerne notamment la plupart des ouvriers des grandes usines, elle ne pourra donner une solution complète au problème des pensions de vieillesse sans l'aide de tous ceux qui sont en situation de lui prêter un appui efficace. La constitution de rentes suffisamment fortes pour mettre la vieillesse du travailleur à l'abri du besoin exige non seulement un effort persévérant et appréciable, mais encore une application rationnelle des sacrifices consentis; ces conditions paraissent exiger, pour être réalisées d'une façon générale, l'intervention des employeurs et leurs encouragements moraux et pécuniaires.

Cependant, l'organisation du service des versements de retraite sous les auspices des employeurs constitue toujours l'exception, ainsi que le témoigne le tableau ci-après. Il montre également que les affiliations dues, en 1904, à l'influence patronale, n'atteignent pas le dixième du chiffre total (déduction faite des militaires) malgré la propagande entreprise par la Caisse générale, auprès des industriels, dans le but de les amener à affilier leur personnel à la Caisse de Retraite.

Tableau indiquant approximativement le nombre et l'importance des mutualités de retraite fondées au sein d'établissements industriels ou commerciaux au 31 décembre 1904.

NOMBRE DE MUTUALITÉS			DÉSIGNATION DES PROVINCES	NOMBRE D'AFFILIÉS		
au 31 déc. 1903	Créées en 1904	au 31 déc. 1904		au 31 déc. 1903	Nouveaux en 1904	au 31 déc. 1904
10	3	13	Anvers.	1.849	491	2.340
41	8	49	Brabant.	7.416	2.037	9.453
7	1	8	Flandre occidentale.	1.216	194	1.410
12	2	14	Flandre orientale.	1.385	152	1.537
22	3	25	Hainaut.	2.982	1.155	4.137
38	3	41	Liège.	22.148	2.072	24.220
3	»	3	Limbourg.	1.769	291	2.060
2	»	2	Luxembourg.	17	»	17
7	2	9	Namur.	990	219	1.209
142	22	164		39.772	6.611	46.383

Bien que la propagande ait été des plus intensive, nous persistons à croire que beaucoup d'employeurs ignorent encore combien il est facile de créer parmi les ouvriers une mutualité de retraite; ils ne connaissent pas quelles facilités la mutualité offre à tout travailleur disposé à conquérir lentement une pension de retraite, ainsi qu'à tout patron qui se préoccupe d'encourager les efforts de ses ouvriers vers l'accession à cette pension. Si ces notions étaient mieux connues, il paraît certain que l'affiliation à la Caisse de Retraite prendrait un grand développement dans les milieux industriels.

C'était du reste l'avis de l'honorable rapporteur de la loi de 1900, le regretté M. Nyssens, ancien ministre de l'Industrie et du Travail.

« Il appartiendra au patronat belge, disait-il dans son rapport, de prouver, imitant de grands et bons exemples auxquels il a été rendu hommage, que le régime de liberté sans obligation peut résoudre le problème des pensions ; il le fera en intervenant volontairement dans la constitution des rentes, en versant une quote-part à côté de celle de l'ouvrier. En s'imposant à eux-mêmes un versement annuel, les chefs d'industrie pourront imposer à leurs ouvriers l'affiliation à la Caisse de Retraite, et, proportionnant l'intervention à la situation spéciale de chaque industrie, amener une solution pratique et large du problème. La participation d'un troisième facteur, l'industriel, à côté de l'ouvrier et des pouvoirs publics dans la constitution des pensions, procurera aux vieux travailleurs qui auraient été en temps utile prévoyants, cette pension d'un franc par jour que le projet de loi indique comme le desiratum à poursuivre.

« Jetant un regard sur l'avenir, nous n'hésitons pas à dire que le sort de la loi est aux mains des patrons belges, leur initiative et leur bon vouloir à répondre à l'invitation du législateur donneront de la vitalité à la loi..... »

Puissent ces paroles être mieux comprises dans l'avenir ; le patronat belge a réalisé de grandes choses ; pour la question qui nous occupe, il ne voudra pas rester en arrière.

*
* *

Mais à côté du patron, il existe encore une autre institution qui aurait tout avantage à participer par des subsides à la constitution de la pension des vieux travailleurs, infirmes et dépourvus de toutes ressources : ce sont les institutions publiques de bienfaisance.

On l'a dit souvent et tous les économistes sont d'accord à ce sujet, il faudrait remplacer la charité curative par la charité préventive ; telle qu'elle est comprise aujourd'hui, l'assistance publique alimente trop souvent le paupérisme ; elle encourage la paresse ou tout au moins l'imprévoyance ; elle anihile chez un trop grand nombre le principe si fécond du. Self help tandis que l'aide préventive encourage le travailleur et stimule son effort personnel, sans porter atteinte à la dignité humaine.

De nos jours, faute de cette aide préventive sagement appliquée, un trop grand nombre de travailleurs tombent à charge de l'assistance publique : les encourager par une aide pécuniaire intelligemment accordée, à se créer une pension de vieillesse, c'est diminuer d'autant les charges toujours croissantes de nos institutions publiques de bienfaisance.

Pour cela, il faudrait modifier la législation surannée qui règle la bienfaisance publique et s'inspirer, pour l'élaboration de la législation nouvelle, de principes féconds et régénérateurs.

Alors, les institutions publiques de bienfaisance pourront prendre place à côté des autres pouvoirs publics dans la lutte en faveur de l'esprit de prévoyance, lutte qui doit se terminer par l'accession de tous les indigents à une pension de vieillesse ; et la question si ardue qui nous occupe aura trouvé une solution définitive et avantageuse pour tous.

Certaines administrations communales l'ont parfaitement compris, et, comme en dernière analyse, c'est à elle qu'on s'adresse pour combler les vides de la Caisse des administrations publiques de bienfaisance, elles agissent sagement en ne se désintéressant pas du problème.

*
* *

Une dernière question se pose au sujet des affiliés.

Ceux-ci restent-ils fidèles à leur mutualité ? En d'autres termes persévèrent-ils dans leurs versements, ou bien abandonnent-ils ceux-ci au bout de deux ou trois ans d'affiliation ?

Il n'est pas facile d'établir les chiffres de ceux qui ont cessé leurs versements ; d'ailleurs, un affilié qui ne verserait pas pendant une année ne peut pas, par cela seul, être considéré comme démissionnaire, il faut un terme plus long pour prouver qu'il renonce définitivement aux avantages de la Caisse de Retraite.

Un terme de deux ans est même insuffisant pour en tirer cette conclusion. Cependant, nous remarquons que les affiliés ayant cessé leurs versements pendant deux années consécutives, ne dépassent pas 17 0/0. Avec le rapporteur de la Caisse générale de Retraite, nous sommes d'avis que ce résultat est encourageant, et nous sommes persuadés qu'un grand nombre des défaillants reviendront à des idées plus saines, quand leur situation matérielle se sera elle-même améliorée.

*
* *

Nous avons, à diverses reprises, parlé des versements des membres, il sera peut-être intéressant pour nos lecteurs de savoir exactement en quoi ceux-ci consistent, et de dire un mot de l'organisation des mutualités.

La mutualité de retraite a comme cheville ouvrière un secrétaire-trésorier, qui monopolise toutes les écritures et la tenue des livres ; soit directement, soit par l'intermédiaire des dizainiers, il reçoit mensuellement ou trimestriellement les cotisations des membres. Il inscrit celles-ci sur un bordereau qu'il envoie par l'intermédiaire du bureau de poste à la Caisse générale d'Epargne et de Retraite, dont les bureaux sont établis à Bruxelles. Il verse, en même temps, au bureau de poste, les fonds ainsi recueillis ; ceux-ci sont inscrits sur un livret global de la Caisse d'épargne, et annuellement réinscrits par les soins des bureaux, au livret de chaque membre, conformément aux données des bordereaux de l'année.

Ces versements sont de deux espèces :

Ou bien l'affilié verse à capital abandonné, ou bien à capital réservé.

Dans le premier cas, en versant à capital abandonné, l'affilié renonce au capital qu'il verse en faveur de la Caisse générale de Retraite et les capitaux ainsi constitués grossissent d'autant la rente dont l'affilié jouira, sa vie durant, à partir du jour qu'il a fixé lui-même, entre 55 et 65 ans.

Dans le second cas, en versant à capital réservé, l'affilié ne renonce pas à son capital, mais lors de son adhésion, il déclare à qui ce capital reviendra à sa mort, soit qu'il ait déjà touché sa rente, soit que l'âge de la pension n'ait pas encore sonné pour lui. Au décès du titulaire, le capital ainsi constitué est remis à la personne désignée, sauf 3 0/0 que la Caisse de Retraite prélève pour ses frais d'administration.

C'est la Caisse générale, on le constate, qui seule a la manipulation et l'administration des fonds. Les mutualités n'ont guère à s'occuper de leur emploi, de leur placement plus ou moins avantageux. Les mutualités sont donc des sociétés intermédiaires entre le public et la Caisse générale unique, établie sous le contrôle et la garantie du gouvernement. Elles n'encourent donc aucune responsabilité pour gestion de fonds, la garantie de l'État donne toute sécurité aux affiliés, les mutualités n'ont qu'à veiller à ce que les versements faits soient fidèlement inscrits au bordereau trimestriel remis au bureau de poste.

Les affiliés, avons nous dit, désignent eux-mêmes en devenant membre d'une mutualité, l'âge auquel ils désirent toucher leur pension, mais il est de toute évidence que plus cet âge est éloigné, plus la pension augmente en importance, les chances de survie diminuant chaque année.

Il est tout aussi évident que plus on est jeune en adhérant à la mutualité, plus les versements peuvent être minimes pour l'accession à la pension, puisque les primes annuelles de l'État seront accordées pendant un plus grand nombre d'années et que la Caisse générale sera en possession d'autant plus longtemps des versements effectués.

En général, les affiliés préfèrent les versements à capital réservé ; pour ces dernières années, c'est à peine si un quart des sommes versées le sont à capital abandonné.

Est-ce logique? Nous ne trancherons pas la question. En principe, le versement à capital abandonné est supérieur par sa nature, puisque l'affiliation à la Caisse de Retraite a pour but la constitution de rentes et non la formation de capitaux, mais en cette matière, il serait peut-être téméraire de contrecarrer trop vivement les préjugés de la population, et mieux vaut encourager les versements à capital réservé, que d'empêcher ce mode de versement, si l'on est persuadé que c'est l'unique moyen d'obtenir les adhésions des intéressés à la Caisse de Retraite. L'éducation des masses en matière d'assurances est loin d'être achevée ; elle n'est qu'à peine ébauchée ; plus tard on obtiendra plus, mais n'oublions pas ce proverbe dû à la sagesse des nations : « le mieux est souvent l'ennemi du bien ».

Nous croyons utile d'ajouter que les subsides des pouvoirs publics sont versés à capital abandonné ; ces subsides produisent ainsi leur plus grand effet utile dans la constitution de la pension.

*
* *

Les versements des membres des mutualités ne doivent pas nécessairement être effectués au moyen de leurs propres économies. La loi de 1900 est à ce point de vue extrêmement large ; la jurisprudence administrative considère comme versements personnels tous ceux qui sont faits au nom d'une personne déterminée, soit que ces versements aient été effectués au moyen des économies de cette personne elle-même, soit qu'ils proviennent des allocations par le patron, le maître, l'employeur, par les parents, voire même par la Société mutualiste elle-même, au moyen des fonds recueillis par exemple chez ses membres honoraires.

Les subsides des pouvoirs publics seuls ne sont pas considérés comme versements personnels.

Cette largeur de vue est extrêmement favorable aux membres des mutualités, car les subsides de l'État sont basés sur les versements considérés comme personnels ; on comprend dès lors que l'importance des versements augmentera l'importance des seconds.

En quoi consistent donc les subsides des pouvoirs publics ?

Nous ne nous occuperons ici que des subsides de l'État, les plus importants de tous ; les provinces et certaines communes accordent également des subsides aux mutualités, mais cette étude nous entraînerait en dehors des limites tracées pour un article de revue.

Ensuite, ces subsides diffèrent en importance de province à province ; tous ensemble, ils s'élèvent à un demi million, leur allocation se fait d'après des règles différentes dans chacune de nos neuf provinces ; et quant aux subsides alloués sur les budgets communaux, ils ne sont pas encore assez importants pour qu'il faille en tenir compte.

Les subsides de l'État se divisent en trois catégories :

1° Tout d'abord, l'État accorde sur le budget du Ministère de l'Industrie et du Travail, un subside dit de premier établissement à toute mutualité de retraite qui se forme, pour l'aider à couvrir les dépenses occasionnées par la création de la société. Mais, comme en règle générale, ces dépenses sont peu élevées, le subside peut être distribué en primes d'encouragement entre les premiers membres inscrits. Ce subside varie entre 125 et 300 francs selon l'importance de la nouvelle société.

2° Chaque année, le Ministère de l'Industrie et du Travail alloue, à chaque mutualité, une prime de 2 francs pour chacun des livrets de ses membres sur lequel il a été versé, l'année antérieure, une somme de 3 francs au moins. C'est un subside donné à la société elle-même qui en fait l'usage qu'elle juge le plus utile. Généralement, ces 2 francs sont inscrits intégralement au livret de chacun des membres ; ils viennent ainsi grossir leur versement personnel, mais ils ne peuvent entrer en ligne de compté pour parfaire la somme de 3 francs l'année suivante.

Une société comprend 60 membres qui, en 1903 par exemple, ont versé chacun 3 francs ; en 1904, cette société touchera un subside de 120 francs. Si ces 120 francs sont inscrits à raison de 2 francs par livret, à l'actif de chacun des membres, ces 2 francs sont considérés comme versements personnels des membres, mais si, en 1904, il y en a qui ne versent qu'un franc, les 2 francs provenant du subside ne parfont pas la somme de 3 francs ; d'où il résulte que tous ces livrets là n'entreront pas en compte lorsque en 1905 la société recevra son nouveau subside.

3° Il y a enfin les primes de l'État pour les versements personnels.

Remarquons, tout d'abord, que ces primes sont accordées, non plus à la société, mais à l'affilié lui-même, qu'il soit affilié directement à la Caisse de Retraite, ou qu'il le soit par l'intermédiaire d'une mutualité. Il n'y a qu'une différence, c'est que l'affiliation par l'intermédiaire d'une société, est plus avantageuse à tous les points de vue, comme nous l'avons dit plus haut.

Les primes de l'État sont allouées pour les versements personnels tels que nous les avons déjà définis.

Ici, il faut faire de multiples distinctions d'après l'âge des intéressés, parce que le législateur est parti de ce principe que plus l'âge est avancé au moment du vote de la loi, moins il reste de temps pour acquérir une pension, plus grands, par conséquent, doivent être les encouragements des pouvoirs publics.

1° Pour les personnes âgées, le 1er janvier 1900, de moins de 40 ans, donc pour toutes les personnes nées après 1860, le montant de la prime annuelle est fixée à 0 fr. 60 par franc à concurrence de 15 francs versés. Le maximun de la prime sera donc de 9 francs.

Un enfant verse par exemple : 3 francs, il recevra, 1° de la société 2 francs; 2° de l'État une prime de 0 fr. 60 sur 5 francs versés, soit 3 francs; d'où il sésulte qu'un versement de 3 francs lui assure un subside de 5 francs.

2° Pour les personnes âgées, le 1er janvier 1900, de plus de 40 ans, c'est-à-dire pour toutes celles nées avant 1860, les primes sont allouées jusqu'à concurrence de 24 francs versés.

Mais ici de nouvelles distinctions sont nécessaires : Une loi du 20 août 1903 a complété la législation de 1900, en augmentant le montant des primes d'après l'âge des affiliés.

A) Les personnes ayant atteint au 1er janvier 1900, un âge compris entre 40 et 45 ans, touchent comme prime :

a) 1 franc par franc, à concurrence des six premiers francs versés;

b) 0 fr. 60 par franc du 7e au 24e franc versé.

B) Les personnes ayant atteint au 1er janvier 1900, un âge compris entre 45 et 50 ans, touchent comme prime :

a) 1 fr. 50 par franc, à concurrence des six premiers francs versés.

b) 0 fr. 60 par franc, du 7e au 24e franc.

c) Les personnes ayant dépassé au 1er janvier 1901, l'âge de 50 ans, touchent comme prime :

a) 2 francs par franc, à concurrence des six premiers francs versés.

b) 0 fr. 60 du 7e au 24e franc.

D) Les personnes ayant atteint au 1er janvier 1900, l'âge de 55, 56 ou 57 ans, doivent verser, avant l'âge de 65 ans, en vertu de la disposition transitoire de la loi de 1900, une somme de 18 francs, sur lesquels elles touchent les subsides indiqués au littera c). Moyennant ce versement, elles toucheront, si elles sont dans le besoin, et si elles prouvent leur qualité d'ouvrier ou d'ancien ouvrier une pension de vieillesse de 65 francs, à l'âge de 65 ans.

E) Les personnes âgées de 58 ans au 1er janvier 1900, toucheront, sans devoir faire aucun versement, mais à condition de produire les mêmes preuves qu'au littera D), la pension de 65 francs, lorsqu'elles auront atteint l'âge de 65 ans.

F) Enfin, les personnes âgées, au 1er janvier 1900, de 65 ans, touchent leur pension de 65 francs, à condition de produire les mêmes preuves que plus haut.

Ce sont ces dernières mesures, prises par la loi du 10 mai 1900, en faveur des vieillards de 65 ans, qui ont rendu cette loi si populaire, mais le gouvernement qui avait inscrit à son budget dès la première année, un crédit de 12 millions, s'est vu forcer d'augmenter progressivement cette dotation ; portée à 15 millions en 1902, elle est actuellement de 16,700,000 francs.

En 1903, les primes de l'État afférentes aux versements personnels s'élevèrent à 3,283,276 fr. 50. Tout fait supposer pour 1904, que les primes s'élèverent a plus de 4 millions.

La subvention de 2 francs par livret pour les versements d'au moins 3 francs a été accordée en 1903, à 4,818 sociétés de retraite, et s'est élevée à un total de 784,334 francs.

Une somme de 11,000,000 de francs a été répartie en pension de 65 francs, d'où il résulte qu'environ 170,000 personnes de 65 ans et plus ont joui de cette libéralité de l'État.

Car cette pension est improprement appelée de ce nom ; c'est une pure libéralité de l'État, qui a estimé qu'à cet âge, les efforts faits en vue de l'accession à une pension sont devenus impossibles.

On a vu de quelle manière, le législateur a donné une solution au problème de la pension des personnes les plus avancées en âge :

Toutes celles qui avaient moins de 58 ans, au 1er janvier

antérieur au vote de la loi, reçoivent des encouragements d'autant plus grands qu'ils se rapprochent le plus de cet âge ; pour celles de 55 à 58 ans, on ne demande qu'un faible effort, une simple preuve de bonne volonté ; ces personnes n'ont qu'à verser 18 francs en trois ans au moins.

*
* *

Si les personnes de cette dernière catégorie se sont conformées à cette stipulation en vue d'acquérir leur pension, nous devons reconnaître, hélas, que trop peu de personnes âgées de 40 à 55 ans profitent des nouveaux avantages qui leur sont conférés par la loi du 20 août 1903 qui a augmenté en leur faveur les primes de l'État et les a portées de 0 fr. 60 à 1 franc, 1 fr. 50 et 2 francs. Une active propagande devra se faire dans tous les milieux, afin de mieux faire connaître ces avantages, et déraciner une idée préconçue qui, si elle devait se généraliser, détruirait tout l'édifice si péniblement élevé des mutualités de retraite.

On s'imagine trop aisément que l'État a pour mission d'accorder, sans efforts de la part de l'intéressé, une pension à chaque individu ; l'octroi de la pension de 65 francs a favorisé l'expansion de cette idée, et on a ajouté foi trop à la légère aux belles tirades de ceux qui proclament tout haut que ce système doit être généralisé. Si l'on ne parvient pas à extirper ce préjugé, nous devrons regretter amèrement cette disposition finale de la loi de 1900, en faveur des vieux ouvriers dans le besoin, issue d'une pensée généreuse sans doute, mais insuffisamment mûrie. C'est une grande pierre d'achoppement pour le développement des mutualités.

Les primes de l'État ne sont pas accordées indéfiniment. Comme nous l'avons déjà fait remarquer, la loi de 1900 est conçue dans un esprit très large. Le législateur, d'accord avec le gouvernement, n'a pas voulu faire une loi de caste ; tout le monde peut s'affilier à la Caisse de Retraite, sans distinction de profession, de métier ou de situation. Mais tout en laissant la liberté à chacun de se constituer une pension, le législateur a voulu favoriser cependant l'affiliation des petits et ses humbles : il l'a fait en réservant les plus grandes faveurs aux membres des mutualités de retraite ; il l'a fait en réduisant au strict minimum les formalités pour en devenir membre ; il l'a fait encore en n'accordant pas les primes de l'État au delà d'un certain versement, 15 ou 24 francs, estimant à juste titre que ceux qui ont les moyens de verser plus, ne doivent pas indéfiniment toucher des subsides de l'État.

C'est dans ce même ordre d'idée que la loi de 1903 a réservé au versement des six premiers francs la majoration des primes.

Enfin, quand la pension atteint un certain chiffre, qui a été admis comme celui qui permet au vieillard de subvenir à ces besoins, c'est-à-dire 360 francs, les primes de l'État ne sont plus accordées aux versements subséquents.

Mais ici la rente de 360 francs est calculée d'une manière spéculative, et à ce point, une modification à la loi s'impose. Ce sera l'œuvre du temps.

Pour calculer les 360 francs de rente, on présume que les versements ont tous été faits à capital abandonné et que l'âge de la pension a été fixée à 65 ans.

Or, nous avons vu que les versements à capital abandonné forment l'exception, et nous savons, par contre, que l'âge de la pension est généralement fixé à 60 ans, par les intéressés. Les 360 francs de pension ne répondent donc pas à la réalité des faits et calculés de cette manière, ils induisent en erreur bien des braves gens. Aussi, un grand nombre de propagandistes zélés imaginent-ils de nouvelles solutions plus favorables aux affiliés.

*
* *

Il ne nous reste plus qu'à examiner de quelle manière se répartit la somme de 11,823,400 francs versés en 1904, à la Caisse de Retraite. C'est ce que le tableau suivant nous apprendra :

Tableau indiquant l'intervention des pouvoirs publics, des sociétés et des particuliers dans les versements effectués en 1904.

Subsides de l'État (pour 1903 et arriérés de 1902........................	3.831.095ᶠ »		
Subvention de 2 francs..............	784.334 »	5.175.295ᶠ »	
Provinces............................	509.866 »		
Communes (approximativement)......	50.000 »		
Versements des membres des sociétés..	5.362.970 »	5.461.209 »	
Versements au moyen des fonds spéciaux...........................	98.239 »		
Versements des particuliers (chefs d'industrie, banques, affiliés isolés)..		250.762 »	
Versements des militaires..........................		723.917 »	
Versements pour acquisition de rentes immédiates.....		113.979 »	
	Fr.	11.823.410 »	

Telle qu'elle est, la loi de 1900 a produit déjà d'excellents résultats, et en produira davantage encore à l'avenir. Ce qui nous donne le droit de le supposer, ce sont les chiffres des rentes acquises, inscrites au livret des affiliés au 31 décembre de chaque année.

Nous connaissons des écoliers qui, par un versement mensuel de un franc, ont acquis, au bout de quatre ou cinq ans, une rente de plus de 70 francs ; d'autres en versant moins arrivent à des rentes de 40, 50 ou 60 francs. Des adultes voient déjà inscrits à leur livret des rentes variant de 30 à 50 francs, et ces résultats sont obtenus au bout de quelques années seulement.

Ces chiffres vont, du reste, croître rapidement ; si les indifférents pouvaient en prendre connaissance, nul doute que eux aussi ne se laisseraient affilier à la Caisse de Retraite et qu'ils ne regretteraient amèrement le temps qu'ils ont perdu.

D'ici en quelques années, les pensions de vieillesse de 65 fr., accordées à titre transitoire, vont naturellement diminuer en nombre ; le gouvernement disposera ainsi de nouvelles ressources, auxquelles il désirera donner une attribution similaire. On pourra donc augmenter sensiblement l'aide pécuniaire à ceux qui épargnent en vue de la vieillesse ; d'autre part, la propagande active devra se poursuivre et grâce à la lutte contre l'alcoolisme, les intéressés comprendront de mieux en mieux leurs intérêts et auront des ressources plus importantes qu'ils pourront consacrer à la Caisse de Retraite.

Avec l'aide des pouvoirs publics et grâce à la Caisse générale de Retraite représentée partout par les mutualités, nous pourrons saluer le jour où chaque travailleur jouira de sa pension de vieillesse.

Chevalier DE GHELLINCK D'ELSEGHEM,
Membre de la Chambre des Représentants.

Imprimeries réunies du Centre, 2, rue Haute, Blois. X 921